CATALOGUE

D'UNE COLLECTION

D'ESTAMPES

ANCIENNES,

A L'EAU-FORTE, AU BURIN ET A LA MANIÈRE NOIRE,

d'après des Peintres et par des Graveurs

des Écoles d'Italie, d'Allemagne, des Pays-Bas,
de France et d'Angleterre,

DE LIVRES A FIGURES,

ANCIENS ET MODERNES

SUR LES BEAUX-ARTS,

Catalogues, Dictionnaires de Peintres Graveurs,

ET QUELQUES DESSINS,

Provenant du Cabinet de M. Etc. PIOT

DONT LA VENTE AURA LIEU

Les Lundi 12 Mardi 13, et Mercredi 14 Avril 1847,

SIX HEURES DU SOIR,

HOTEL DES VENTES,

RUE DES JEUNEURS, N° 16,

Par le ministère de M° BONNEFONS DE LAVIALLE, Commissaire-
Priseur, rue de Choiseul, 11,

Assisté de M. DEFER, Expert, quai Voltaire, 19.

CHEZ LESQUELS SE DISTRIBUE LE PRÉSENT CATALOGUE.

EXPOSITION PUBLIQUE

Le dimanche 11 avril, de midi à 4 heures.

PARIS,
IMPRIMERIE ET LITHOGRAPHIE DE MAULDE ET RENOU,
RUE BAILLEUL, 9-11.

1847

CONDITIONS DE LA VENTE.

Elle sera faite au comptant.

Les acquéreurs paieront 5 pour cent en sus des adjudications, applicables aux frais.

ORDRE DE LA VENTE.

PREMIÈRE VACATION. — *Lundi 12 avril.*

Dessins.	n. 188 à 196.
Ecole anglaise.	161 à 166.
Portraits.	167 à 187.
Ecole italienne.	1 à 33.
Ecole allemande.	34 à 67.

DEUXIÈME VACATION. — *Mardi 13 avril.*

Ecole des Pays-Bas.	68 à 104.
Ecole française.	105 à 160.

TROISIÈME VACATION. — *Mercredi 14 avril.*

Ornements.	197 à 223.
Livres à figures.	224 à 283.

DÉSIGNATION.

École Italienne.

1 — *Anonyme.* Allégorie, pièce marquée d'un Z. B. M. 1557.
2 — *Vieux maîtres italiens.* (Bartsch, 13ᵉ vol., page 388, n. 2.) Femme assise; devant elle deux enfants s'embrassant. Rare.
3 — La Vierge et l'enfant Jésus, et deux anges, par un vieux maître italien. Estampe de forme ronde.
4 — *Nielles par des orfèvres florentins.* Hercule combattant l'Hydre (Voyez Essai sur les Nielles, page 231). Dans la marge du bas, la marque de *Pellegrini.* Très rare et bien conservée.
5 — *Autre nielle.* Arabesque; le milieu représente deux figures en pied, homme et femme, face à face comme pour valser. Rare.
6 — Conversion de saint Paul. Epreuve moderne d'un nielle non terminé, de *Matteo Dei,* que l'on conserve dans la galerie des Offices de Florence. Le tirage, fait

au commencement de ce scièele, dit Cicognara, n'a été exécuté qu'à vingt exemplaires. Cette estampe importante peut donc passer pour très rare.

6 bis. — *Baccio Baldini*. Saint-Jérôme dans le désert, agenouillé devant un crucifix; il tient à la main une pierre dont il se frappe la poitrine. — N. 99 du catal. d'Otley.

6 ter. — *Du même*. L'enfer, d'après la fresque du Campo Santo de Pise, peinte par Bernardo Orcagna, en haut à droite, on lit : QUESTO EL INFERNO DEL CHAPOSANTO DIPISA. — N. 98 du catal. d'Otley.

7 — *Manteigna (André)*. Bacchanale à la Cuve et Bacchanale au Silène. Deux estampes. Collect. *Debois.*

8 — Hercule étouffant Anthée. Collect. *Debois.*

9 — La Résurrection, d'après Manteigna, par *Zoan André.*

10 — Le Triomphe de Jules-César, d'après Manteigna, gravé sur bois par *Andra Andréani*. Dix pièces.

11 — *Montagna (Benoît)*. La Vierge vue à mi-corps, les mains jointes; elle est dirigée à droite, en avant d'un appui sur lequel est le Sauveur assis sur le pan du manteau de sa mère; il tient un oiseau de la main gauche, derrière la Vierge, une grande draperie et un mur à hauteur d'appui. Belle et rare pièce, sans marque.

12 — *Marc-Antoine et son école.* Martyre de sainte Félicité, et portrait de l'Arétin.
13 — Quinze pièces, copies d'estampes de Marc-Antoine, d'après Raphaël, aussi gravées par *Caraglio, les Mantuan* et autres.
14 — Dieu ordonnant à Noé de construire l'Arche. Copie en contre-partie.
15 — Mars et Vénus, d'après Manteigna.
16 — *Ecole d'Italie.* Les quatre évangélistes, par *A. Vénitien.*
17 — Vénus blessée, d'après Raphaël, par *Marc de Ravenne*. Très belle épreuve. Collect. *Debois.*
18 — L'histoire de Psyché, d'après Raphaël, par *Augustin Vénitien* et le *Maître au Dé.* Trente-deux pièces. *17.50 Vigneres*
19 — *Franco.* L'Enlèvement de Déjanire. Belle épreuve.
20 — *Carrache* (Augustin). Nymphe et Satyre. Jolie pièce.
21 — *Chérubin Albert.* 1595. Portrait de Henri IV. Autre portrait du même. 1600. *Orlandi Formis Roma.*
22 — Saint Barthelémy, et une tête par *Ribera*, un Satyre par *S. Rosa*. Trois pièces à l'eau-forte.
23 — *Tiepolo.* Onze pièces. Caprices ; gravées à l'eau-forte.
24 — *Canaletti.* Vue de Venise. Une pièce à l'eau-forte. Belle épreuve.

25 — *Piranese.* La colonne Antonine. Grande estampe.

26 — *Porporati.* Suzanne au bain, d'après Santerre.

27 — *École italienne.* Sept pièces à l'eau-forte, et les Sybilles, d'après Michel-Ange.

28 — *Camaïeux.* Ananie frappé de mort, et Martyre de saint Pierre; clairs obscurs, d'après Raphael et le Parmesan, par Ugo da Carpi. — Le Laocoon, de Boldrini, d'après le Titien. — Christ au tombeau, etc. Cinq pièces gravées sur bois.

29 — *Francisco Goya.* Recueil de caricatures espagnoles. (Los Caprichos.) Quatre-vingts pièces gravées à l'eau-forte, un vol. in-4, dem.-rel. mar. (*Bauzonnet*).

30 — *Goya.* Suite de trente-trois estampes gravées à l'eau-forte, représentant l'histoire et les particularités les plus curieuses des luttes de la *Tauromaquia.* Suite très rare.

31 — Joueur de castagnettes, — les Ombres fantastiques. Deux pièces singulières gravées à l'eau-forte, par Goya; elles sont inédites, et n'ont pas été signalées dans le catalogue très-détaillé de l'œuvre de ce maitre, publié par M. Eug. Piot, dans le *Cabinet de l'Amateur et de l'Antiquaire.* Tome Ier.

32 — Ésope, le Nain de Philippe IV. Trois pièces à l'eau-forte.

33 — Barberousse. Très belle et rare épreuve avant toute lettre.

33 bis. — *Cartes a jouer.* Jeu de tarot toscan, composé de 97 cartes, très complet. (Moderne.)

— Autre jeu de tarot, moderne, fabriqué à Bologne, *Germano Natali al Cigno*, également complet en 40 cartes.

École Allemande.

34 — *Mecken* (Israel de). Christ descendu de la Croix (19), — une des Vierges sages.

35 — *Mair.* Maison d'architecture gothique.

36 — *Zagel* (Martin). Les Soldats, 20; — Lueur et obscurité, 21. Deux pièces.

37 — *Cumbalch* (Jean). Saint Michel; copie de Martin Schoen.

38 — *Durer* (Albert). Jésus au Jardin des Oliviers, B. 19. La Sainte Face, 26.

39 — L'Enfant prodigue, 28. Belle épreuve.

40 — La Vierge à la muraille, 40. Belle épreuve.

41 — Vierge au singe, 42.

41 bis. — La Vierge au papillon, 44. Belle épreuve.

42 — L'Oisiveté, 76. Belle épreuve. La Fortune, 77.

43 — Le Petit Courrier, 80. La Dame à cheval, 82.

44 — L'Hôtesse et le Cuisinier, 84. Le Branle, 90; et la Copie. Cinq pièces.

45 — Les Offres d'amour, 93.

46 — Le Cheval de la Mort, 98. Belle épreuve.

47 — Les Armoiries à la tête de mort, 100. Ancienne épreuve.

48 — Saint Philippe, 66. Saint Thomas, 48. Saint Paul, 50. Saint Christophe, 51. Quatre pièces.

49 — Saint Eustache ou saint Hubert, 57. Plus deux copies, une par Jérôme *Hopfer*.

50 — Saint Jérôme, 60. Sainte Geneviève, 63. Cinq études de figures, 70. Trois pièces.

51 — Six copies, dont la Mélancolie.

52 — Quatre pièces en bois, n. 97, 118, 121, 125.

53 — Fragment d'une estampe de *Mecken*. Deux copies d'Albert Durer, du Pommeau d'épée, — et Vierge, 1526. Non décrite.

54 — *Beham* (Barthélemy). Ferdinand Ier, frère de Charles V. Belle épreuve du premier état, avant l'adresse de *Heyden*.

55 — *Beham* (Hans). Judith, Lucrèce, Patience, etc. Dix pièces belles.

56 — *Aldegrever* (Henri). Son portrait, 188.

56 bis. — Six pièces de l'histoire d'Adam, suite complete. Adam, 11. Belles épreuves. Collect. *W. Esdaille*.

57 — *Maîtres à monogrammes*. Huit pièces, plus deux pièces par *G. Penez*.

58 — *Altorfer*. Trois pièces sur cuivre, une en bois.

59 — *Herschevogel* (Augustin). Suite de guerriers armés de pied en cap, et tenant des écussons. Quarante-six pièces inédites. Bartsch ne décrit qu'une estampe de la suite que nous annonçons ici (n. 14 de son catalogue). Tous les écussons sont coloriés.
60 — *Hopfer* (Daniel). Un reliquaire, n. 20.
61 — *Virgile Solis*. Cinq pièces, n. 15, 248, 251, 261, et Hercule et la Fortune. Deux pièces inédites.
62 — Quinze pièces gravées en bois, par *Lucas Cranach, Josse, Aman*, et autres.
63 — Quarante-six pièces. Fac-simile d'un ancien jeu de cartes.
64 — *Hollar*. La cathédrale d'Anvers. Très belle épreuve du premier état, avec une seule ligne d'écriture.
65 — *Sandrart* (Jacob). Portraits à cheval de princes mahométans, tartares, etc.; Philippe de Nassau avec *Ioan Baptista Vrints exc.*
66 — *Bartsch* (Adam) Divers animaux, gravés à l'eau-forte, d'après des maîtres flamands et hollandais. Treize pièces.
67 — *Ecole allemande*. Dix-neuf pièces diverses.

École des Pays-Bas.

68 — *Anonymes. Vieux graveurs flamands*. Sujets de la vie de Jésus-Christ. Vingt-deux très petites pièces par de vieux graveurs flamands.

69 — Saints et saintes, par de vieux graveurs flamands, quelques uns à monogrammes. Quatorze pièces.
70 — Sujets de la Passion, saints et saintes. Quatorze pièces en bois et sur cuivre, par de vieux graveurs flamands. Sans marque.
71 — Conversion de saint Paul, saint Michel, Sainte Face, saint Christophe, et neuf pièces par de vieux maîtres flamands; le premier sujet dans le goût d'un nielle. Neuf pièces.
72 — Adam et Eve chassés du Paradis, marqué d'un C. Mère de Douleur, Tête de mort, marqué d'un S. Sainte Catherine, marqué d'un A. Madone, la Samaritaine au pied de Jésus-Christ mort, marqué d'un M. Huit pièces avec marques inconnues, par des vieux graveurs flamands.
73 — Le Sauveur, Christ en croix, Jésus descendu de la croix, et plusieurs saintes, etc. Sept pièces sans marques, par de vieux graveurs du commencement du seizième siècle.
74 — Sujets de la vie de Jésus, par des inconnus; plusieurs dans le goût de Mecken. Onze pièces.
75 — Saint Hubert; saint Grégoire et un personnage armé de pied en cap. Ces trois pièces nous paraissent appartenir à la classe des nielles; elles portent pour marques un D et un T gothiques dans le haut de chaque

estampe. Nous ne les avons trouvées décrites nulle part.

76 — *Alaert Claas*, vieux maître flamand. Le Christ sur son tombeau, et autour de ce sujet diverses figures d'Adam et Eve. Belle pièce dans le goût de gravure de l'école de Marc-Antoine ; elle est marquée du chiffre A C gothique.

77 — Vierge et enfant Jésus. Jolie pièce sans marque, qui nous paraît appartenir au même graveur.

78 — Suite de saints dans des niches architecturales, et dans le haut un médaillon représentant un sujet de la vie du saint. Cette suite gravée par Alaert Claas, dans le goût des nielles florentins. Seize pièces, une porte la marque; plus une espèce de reliquaire où se voient sept médaillons, sujets de la vie de Jésus. Rares.

79 — Adoration des Mages, la Visitation, la Pentecôte, Jésus au jardin des Oliviers, Christ portant sa croix, Christ en croix, saint Hubert, etc. Huit pièces; à quatre la marque d'Alaert Claas.

80 — *Staren* (Dirck Van). Jésus tenté par le démon. La marque du maître et avril 11 1525. Belle épreuve.

Les estampes indiquées sous les n. 68 à 80, et celles comprises sous les n. 37, 53, 105, 106, 107, 108, 109, faisaient toutes parties d'un Parcus Prè manuscrit, recueil de prières, légendes et extraits des livres saints, orné de 147 estampes gravées.

au burin, intercalées dans le texte, la plupart de la fin du 15ᵉ siècle.

Le volume, d'une intégrité parfaite, était terminé par cette inscription :

« Collegit hec et scripsit frater Trudo Gemblacu natione cenobita monasterii Sancti Trudonis in Hasbania (1) sub dno Georgio Sares, abbate. Anno nati. XPI. XV° XXVI. »

Les gravures, soigneusement collées avant l'exécution du volume, se rapportent toutes au texte dont elles sont entourées, que ce soient des prières ou des légendes de saints. Toutes par conséquent sont antérieures à l'année 1526, les deux tiers sont inédites, un grand nombre paraît remonter à l'époque de Martin Schoengauer ou plus haut. Toutes sont exécutées d'un burin soigné, quelques-unes rentrent dans la classe des nielles. En les séparant et en les groupant par lots, nous les avons laissés sur les feuillets où elles étaient fixées.

La position géographique de l'auteur du manuscrit, si l'on peut s'exprimer ainsi, lui a fait puiser également chez les Allemands, dans les Pays-Bas et en France, les vignettes dont il s'est plu à orner son travail, et rend cette réunion plus piquante encore, mais elle est surtout importante, pour l'histoire de l'art de la gravure dans les Pays-Bas. Quelques-unes des pièces (n. 75) marquées d'un T. gothique relatif au fondateur et aux patrons des monastères de Saint-Trond et de Gemblours, peuvent même lui être attribuées.

L'analyse et l'appréciation de ces estampes n'étaient pas dans les limites de ce catalogue, et nous ne pouvons même indiquer clairement, que le petit nombre de celles qui appartiennent à des artistes connus, qui ne sont pas par conséquent les plus intéressantes.

81 — — *Lucas de Leyde.* Adam et Ève, les sept Vertus, deux Génies. Dix pièces.
   Le moine Sergius tué par Mahomet.

81 bis. — *De Bry* (Th.). L'Age d'or, d'ap. Bloemaert. Trois pièces par *Wierix et N. de Bruyn*.

82 — *Goudt* (Henri C*). Cérès et le jeune Stellion, d'après *Elsheimer*.

83 — *Suyderhoëff*. La paix de Munster, d'après Terburg. Ancienne épreuve.

84 — La même estampe.

85 — *Lutma* (Jean). Portrait de Lutma. Très belle épreuve.

85 bis. — *Dick* (Ant. van). Le Titien et sa maitresse. Épreuve avant l'adresse d'A. Bonenfant.

86 — *Dyck*) (Ant. Van). Son portrait et ceux de Snellinx, Jean et Pierre Breughel, Franck, J. Monper, Jean de Wael, Van Noort, F. Snyders, G. de Vos. Dix pièces à l'eau-forte, par *Van Dyck*.

87 — Trente-cinq portraits de l'Iconographie de Van Dyck, par divers graveurs, ses contemporains.

88 — *École flamande*. Treize pièces d'après Rubens; eaux-fortes de C. Schut, et autres.

89 — Claudius de Salamasia, 1651, d'après Van Nègre; la comtesse de Culemborg, d'après Mirevelt, par Delph, et Cromwell, par J. Velde. Trois pièces.

90 — *Hooghe* (Romyn de). Vignettes pour les Contes de la reine de Navarre, Batailles des Impériaux contre les Turcs. Cinq su-

jets pour l'histoire de Guillaume, prince d'Orange. Cinquante-..ois pièces.

91 — *Visscher* (Corneille). La Fricasseuse, et deux autres pièces, par N. Visscher et Savri.

92 — *Rembrandt.* Rembrandt dessinant, 22. Portrait de Lutma, 276; ancienne épreuve. Vieillard à barbe carrée, 265. Homme en cheveux, 289. Quatre pièces.

93 — Sujets divers, n. 79, 81, 198, 200, 168. Cinq pièces, plus huit copies et deux pièces par *Jean Livens.*

94 — Copies d'estampes de Rembrandt. Dix-huit pièces.

95 — *Boël* (Coryn). Fête flamande, d'après Teniers. Ganimède, d'après Michel-Ange. Dix pièces.

96 — *Téniers* (David). Fête villageoise, et la Diseuse de bonne aventure. Deux pièces à l'eau-forte.

97 — *Both* (Jean). Paysage en hauteur; belle épreuve, avec l'adresse de *Matham.* Pan et Syrinx. par Suanevelt; belle épreuve.

98 — Tête de vieille femme. On lit le nom de *Both* au milieu du côté gauche. Pièce non décrite par *Bartsch,* mais décrite par M. *Weigel.* Rare.

99 — *Almeloveen* (Jean). Six paysages : vues du Rhin.

100 — *Berghem.* La Vache qui pisse. Pièce à l'eau-forte.

101 — *Cuyp.* Suite de six vaches, à l'eau-forte.

102 — *Dujardin* (Karle). Suite d'animaux. Cinquante-deux pièces gravées à l'eau-forte.
103 — *Ecole hollandaise.* Animaux, d'après Berghem, par J. de Visscher. Paysage, par Both, etc. Douze pièces
104 — Neuf pièces, par des graveurs flamands, d'après Breughel et autres.

École Française,

105 — Sujets de saints. Neuf pièces ; cinq de ces estampes gravées en bois dans la manière de *Bernard Milnet*, vieux graveur français, cités dans l'Essai sur les nielles, par Duchesne ainé.
106 — *Noël Garnier*, vieux maître français. (Voyez le Peintre-Graveur français, par M. Robert-Dumesnil, qui n'a publié qu'un catal. très incomplet de l'œuvre de ce maître.) — Le Baiser de Judas.
107 — La Flagellation du Christ. Légèrement enluminée.
108 — Jésus insulté par ses bourreaux. Au bas, à gauche, la marque du maître.
109 — L'Ensevelissement du Christ. Légèrement enluminée.

Ces quatre estampes, inédites et de la plus grande rareté, faisaient partie, ainsi que le n° 105, des estampes intercalées dans le missel manuscrit cité plus haut.

110 — *Woeriot.* Le Taureau de Phalaris.

111 — *Delaulne* (Etienne). Suite pour l'Ancien Testament, Histoire d'Orion, les Mois de l'année, etc. Quatre-vingt-sept pièces; de ce nombre, plusieurs copies sur des estampes de Marc-Antoine ; plus sept pièces par *Callot*.
112 — *Pesne*. Le Testament d'Eudamidas, d'après N. Poussin. Belle épreuve du deuxième état.
113 — La Vierge, l'enfant-Jésus et saint Jean, d'après N. Poussin. Très belle épreuve du premier état.
114 — *Claude le Lorrain* (Claude Gellée, dit le). La Danse sous les arbres. N. 6. Ancienne épreuve.
115 — Le Naufrage, 7. Epreuve de la collection *J. Barnard*.
116 — Le Bouvier, 8. Superbe épreuve du deuxième état.
117 — Le Port de mer au fanal, 11. Anc. épreuve, collection *J. Barnard*.
117 bis. Scène de brigands, 12. Epreuve de la coll. *Robert Dumesnil*.
118 — Le Départ pour les champs, 16. Ancienne épreuve.
119 — Le Troupeau par un temps orageux, 18. Superbe et rare épreuve du premier état; elle est avec marge.
120 — Campo Vaccino, 123. Ancienne épreuve.
121 — Les deux Paysages, 40. La Femme assise, 41. Deux pièces dites *griffonnements*.

122 — La Fuite en Egypte (1). L'apparition (2). Le Passage du gué (3). Le Troupeau à l'abreuvoir (4). La Tempête (5). Le Dessinateur (9). Le Pont de bois (15). Mercure et Argus (17). Le Chevrier (19). Le Temps, Apollon et les Saisons (20). Berger et Bergère conversant (21). L'Enlèvement d'Europe (22). Le Pâtre et la Bergère (25). Les quatre chèvres (27). Quatorze pièces, bonnes épreuves. — Ce lot sera divisé.

123 — *Bosse* (Abraham). Le Barbier, le Graveur, le Laquais, une pièce de la suite des Vierges folles, etc. Six pièces.

124 — *Betou.* Trois pièces d'après les peintures du Primatice, à la salle de bal, à Fontainebleau. — L'aveugle par *J. Bellange.*

125 — *Morin.* Christophe de Thou et Omer Talon. Deux pièces.

126 — *Ecole française.* Vingt-une pièces, d'après Lesueur, Lebrun, S. Bourdon, Boucher, etc., et portrait du peintre Jouvenet, et autres.

127 — *Nanteuil* (Robert). Anne d'Autriche, n. 23. Très belle épreuve du premier état.

128 — Guénégaud, 106. Jeannin, 112. Marin Cureau, 116. La Vrillière, 123. Le Boultz, 124. Le Masle, 126; premier état. Le Tellier, 132. Le même personnage, 135. Huit portraits.

129 — Maurice Le Tellier, 138. Le même, 139. La Motte Levayer, 143. De Lionne, 146; premier état. Léoménie de Brienne, 148; premier état. Duc de Longueville, 149. Six portraits.

130 — Loret, 150. De Maridat, 168. Marie de Gonzague, 164. Mazarin, 177. Marolles, 171. De Mesmes, 192; deuxième état. Six portraits.

131 — Molé, 193. Péréfixe, 211; deuxième état. Poncet, 215; deuxième état. Comte de Saint-Paul, 219. Scudéri, 221; premier état. Séguier de Saint-Brisson, 224. Six portraits.

132 — Doubles des numéros 99, 112, 123, 143 et 171. Plus deux portraits de Coyslin et Jean Pautre, d'après Nanteuil, par Lenfant et Langlois.

133 — Auvry, 26; premier état. Barberin, 29; premier état. Bochart de Saron, 42. Bosquet, 44. Bouchu, 47; premier état. Duc de Bouillon, 50; premier état. Cinq portraits.

134 — Marie Bragelone, 57. Castelneau, 58; deuxième état, non décrit; il est avec l'année 1658. Chapelain, 60. Emmanuel de Savoye, 61. Duc de Mantoue, 62. Cinq portraits.

135 — Duc de Mantoue, 62. Charles de Lorraine, 63. Christine, reine de Suède, 67. Cler-

mont-Tonnerre, 68; deuxième état. Do-
rieu, 84. Dulieu, 85. Six portraits.

136 — Comte de Dunois, 86. Fronteau, 99; premier état. Gassendi, 101. M*me* de Gillier,
103. Guebriant, 104. Guenault, 105. Six
portraits.

137 — *Edelinck* (Gérard). Mathieu, Savary, De
Carcavy, de Ste-Marthe, G. de Lamoi-
gnon, Paul Phelipeaux, Gottvaldt, Curvo
Semmedo, César d'Estrée. Huit portraits,
belles épreuves.

138 — *Schuppen* (Van). Sainte Famille, estampe
dite la Vierge à la Colombe. Epreuve du
premier état avant la draperie.

139 — *Ragot*. Jugement de Salomon, Mariage de
la Vierge, Triomphe de la Foi, les Doc-
teurs de l'Église, Festin d'Hérode, To-
miris. Huit très grandes estampes d'après
Rubens.

140 — *Coypel* (Antoine). Le Triomphe de Galatée,
premier état épreuve d'eau-forte avant
la lettre; Bacchus et Ariane, premier état
non décrit, il est à l'eau-forte comme le
précédent.

141 — *Boucher* (François), Andromède. Pièce
gravée à l'eau-forte par ce maître; deux
épreuves, une d'eau-forte pure, l'autre
terminée par Aveline, plus deux pièces
d'après Boucher, par Le Prince.

142 — Douze pièces, par *Paroccel*.

143 — *Watteau* (D'après Antoine). Mezetin, la Diseuse de bonne Aventure, Comédien français. Quatre estampes, par B. Audran, Cars, etc.

144 — *Boissieu*. Passage du bac, à droite un courrier.

145 — *Beauvarlet*. Molière, d'après S. Bourdon, première et rare épreuve avant la lettre et avant la bordure.

146 — *Prud'hon*. La Famille malheureuse, lithographiée par ce maître pour l'Album, journal des arts et des modes en 1822 (n° 73), l'Enlèvement d'Europe, planche commencée et jointe à un numéro du journal d'Encouragement, plus la loi, par Copia et les vignettes pour les poésies de Gentil-Bernard, gravées par Roger et Beisson, épreuves avant la lettre. Onze vignettes. — Ce lot sera divisé.

> Voir pour les estampes de ce maître, exécutées par lui-même ou d'après ses compositions, l'excellent catalogue publié par M. Fréd. Villot, dans le 3ᵉ vol. du Cabinet de l'Amateur et de l'Antiquaire.

147 — La Justice divine, l'Assomption de la Vierge, Triomphe de Trajan. Cinq pièces gravées et lithographiées.

148 — *Martinet* (M.). La Madone du grand Duc à Florence, d'après Raphaël, épreuve papier de Chine.

149 — *Leroux* (M.). La Vierge à l'étoile, d'après Pinturicchio, épreuve avant la lettre, papier de Chine.
150 — *Ecole française.* Quinze pièces, d'après St-Aubin, Wille fils, etc.
151 — Eaux-fortes, par Marvy et Charles Jacques. 10 ⋅ Vingt-sept pièces, plusieurs d'après Diaz.
152 — Eaux-fortes, par *Th. Chasseriau.* Othello, suite de quinze pièces in-fol. Epreuves avant la lettre.
153 — *Napoléon Bonaparte* (la princesse Charlotte). NAPOLEONIS MATER. Beau portrait lithographié de Madame mère dans les dernières années de sa vie.
153 bis. *La même.* Suite de Paysages lithographiés par cette princesse, d'après les compositions du prince Napoléon Bonaparte, son mari, les figures par Léopold Robert. Quatorze pièces.

Mathilde Demidoff (la princesse). Les Buffles au repos. Lithographie. *Florence* 1835.

Cette suite intéressante de lithographies, exécutées dans l'intimité de la famille Bonaparte, n'a été tirée qu'à un très petit nombre d'exempl.

154 — *Charlet.* Sujets et costumes militaires. Quinze pièces lithographiées, plusieurs rares. — *Gros.* Un Arabe, pièce lithographiée.
155 — Huit pièces, dessinées et lithographiées par Louis Boullanger.

156 — Vingt-huit pièces, lithographiées par divers artistes, caricatures et autres.
Vingt-deux lithographies diverses.
157 — Caricatures du journal le Miroir, lithographiées par M. *Eugène Delacroix*. — Le Bonhomme de lettre en meditation. — Combat de la Gazette de France et de la Quotidienne. — L'Opéra italien. — L'Opéra français.

Quatre pièces. Premiers essais curieux et fort ignorés du grand artiste devenu l'un des chefs de l'école moderne.

157 bis. Lith. diverses de *Charlet* et *Bellanger*.
158 — Cent trente-trois pièces lithographiées et gravées à l'eau-forte pour le journal l'Artiste.
159 — Diverses vues, lithographiées, etc.
160 — Vingt-huit pièces diverses.

École Anglaise.

161 — *Earlom* (Richard). La Forge, d'après *Wright*.
162 — Georges III et sa famille d'après *Zoffani*.
163 — Georges III et la princesse Charlotte sa femme. Huit pièces gravées en manière noire, d'après West et autres.
164 — *Reynolds* (d'après sir Josué). Cupidon et Psyché, Mercure, l'Amour, divers portraits. Six pièces gravées à la manière noire.

165 — Portraits en pied de lady Sara Bunbury, MM. Blake, l'Allegro, etc. Quatre estampes gravées à la manière noire d'après *Reynolds*.

166 — Personnages anglais, princes et princesses, seigneurs et dames. Dix-neuf portraits gravés en manière noire par Smith, Dickinson, Mac-Ardell, J. Watson, Corbut, Burke, Green, etc., d'après *Reynolds* et autres peintres anglais.

Portraits anciens

GRAVÉS AU BURIN ET A LA MANIÈRE NOIRE.

167 — *Leu* (Thomas de). François de Valois, dauphin de France, fils de François Ier; Henri IV; Montaigne et Pierre d'Arles. Quatre pièces, belles épreuves, rares.

168 — Catherine de Bourbon, le prince et la princesse de Conti, Charles de Bourbon, Charles Emmanuel, Henri de Bourbon, duc de Montpensier, comte de Soissons, Charles de Lorraine, le marquis du Pont, Charles de Gontaut, etc. Douze jolis portraits de personnages de la cour d'Henri IV.

169 — Anth. Muret, Guydo de la Vau, Hervey, Pierre d'Arles. Quatre pièces gravées en 1589.

170 — *Gaultier* (Léonard). Le duc d'Enghien,

prince de Condé, 1612, Henri de Gondy, le marquis du Pont et Guido Faure, 1586, Cinq pièces belles.

171 — François II, Catherine de Bourbon, sœur d'Henri IV, Louis XIII, duc de Guise, le duc d'Enghien, Charles de Gontaut, Charles de Gonzague, Elisabeth de Lorraine, etc. Dix pièces gravées, par Léonard Gaultier, Crispin de Pass, et éditées par J. Leclerc et Paul de la Houc.

172 — *Granthome* 1602 (Jac.). Portrait au natvrel de Monseigneur le Dauphin, né à Fontainebleau le 27 sept. à 10 heures de nuit 1601. — Portrait au naturel de Monseigneur le Dauphin à l'âge de sept mois. Louis XIII à cheval, *J. Brun*. F.-Bourbon duc de Valois, mort en 1652. Quatre pièces rares.

173 — *Bignon*. Portraits des plénipotentiaires au traité de Münster. Trente-trois portraits in-4° (manque le n° 11).

174 — *Montcornet*. Louis XIII et Louis XIIII, Louis de Bourbon deuxième du nom, Henri de Bourbon duc d'Enghien, représentés à cheval. Jolis portraits rares.

175 — Cent quarante-quatre portraits de papes, rois, reines, princes, princesses, généraux célèbres, doges de Venise et autres personnages célèbres en Europe et en Asie aux quinzième et seizième siècles, ces portraits gravés par Crispin de Pass,

Custodis, les Kilian, R. Estralke et autres graveurs des seizième et dix-septième siècles. Un volume pet. in-fol. cart.

176 — Duc de Mercœur, Curtius, Maurice de Nassau, etc. Dix très jolis portraits et vignettes par les Wierix.

177 — Recueil de divers portraits des principales dames de la Porte du grand Turc, etc., par Georges de la Chapelle, peintre de la ville de Caen. Paris, 1648, in-fol., fig. gravées par N. Cochin, in-fol. cart.

178 — Treize portraits de divers personnages, gravés par Daret, Mellan, Carle Audran, P. Lombart, B. Picart, Thomassin, etc.

179 — Louis XIV, prince de Condé, la famille royale de Savoye, Antoine de Gramont, etc. Onze pièces.

180 — Louis XIV, par N. Poilly; Philippe V, par Drevet; Mlle Duclos, par L. Desplaces. Trois pièces.

181 — Brisacier, par Masson; Perrault, par Roullet, etc. Cinq pièces.

183 — Vingt-huit portraits de personnages de tous états français et étrangers, dont Masaniello, César Borgia, etc.

184 — Six portraits par des graveurs flamands, dont Anne d'Autriche, par Lambert Visscher, Maurice de Nassau, etc.

185 — Portraits de divers personnages. Vingt-six pièces.

186 — Souverains, princes et princesses, géné-

raux, etc., dont Henri de Nassau;
Léopold I*, empereur; Charles Léopold;
Joseph Léopold; Frédéric III de Prusse;
Charles V, duc de Lorraine; Charles XI,
roi de Suède; prince de Nassau; le czar
Pierre-le-Grand, et autres personnages
allemands et hollandais, gravés en manière noire par *Bloteling*, deux portraits
par *Schenck* 53, dont son portrait dessiné
et gravé par lui. *Cole* 14 et son portrait
gravé par lui d'après Plaes. Haid, 1 p.
Valk, 1 p. Van Somer, 1 p. En tout
soixante-treize estampes en 1 vol. in-fol.,
v. br.

187 — Portrait de Marie-Antoinette, imprimé en
or et couleur sans nom de graveur. —
Napoléon, général, sans nom de graveur.

Dessins.

188 — Dieu apparaît à saint Paul. Ce sujet dans
la lettre O. Miniature.

189 — *Jules Romain.* Deux dessins à la plume et
au bistre, modèle de vase antique.

190 — *Dyck* (Van Attribué à). François de Mont-
cada, don Alvar de Bazan, Jacob de
Breuck, Constantin Hugens, Aubert
Mircus. Cinq dessins à la plume et au
bistre.

191 — *Rembrandt.* Deux dessins à la plume et au
bistre, collect. de *Claussin.*

192 — Sujets de la mythologie. Huit dessins à la plume lavés au bistre, par *Sasso Ferrati*, d'après des fresques du Poussin qui ont été détruites depuis.

193 — Deux dessins faits en 1766. Ils représentent des trompe-l'œil et sont exécutés par un artiste hollandais avec la plus grande patience.

194 — Têtes de femmes, à la sanguine, deux dessins, scène chinoise etc., six dessins.

195 — Un dessin indien.

196 — Travail des femmes en Chine, un cahier contenant douze dessins sur papier de riz.

Ornements.

197 — *Androuet Ducerceau.* Arabesque, suite de trente pièces.

198 — *Bretschnelder (André).* Suite de modèles de broderies gravées sur bois et sur cuivre, Quarante-six pièces.

199 — *Bry (Théodore de).* Le capitaine prudent. orgueil et folie, etc. Six pièces.

200 — *Benedict Battini.* Livre de cartouches gravés sur cuivre. Suite de vingt-quatre pièces imprimées sur papier bleu et rehaussées à la manière des camaïeux; à la première feuille on lit : *M. Benedictus Battini Pictor Florentinus inventor. Hieronymus Cock Pictor excudebat.* 1553.

201 — Ornements de bijouterie par Collaert 1581.

Dix pièces ; lettres de l'alphabet par Th. de Bry. Dix pièces, trois lots.

202 — Modèles pour les bronziers, par Ch. Delafosse. In-fol. cart.

203 — *Delaulne* (Etienne). Panneaux d'ornements. Vingt-sept pièces.

204 — *Dutiels*. Six manches de couteaux, gravure sur cuivre à fond noir, et panneaux d'ornements gothiques par *Merian*. Six pièces.

205 — *Galle* (Philippe). Cartouche d'ornements. Suite de huit pièces,

206 — *Marc-Gérard*. La Passion disposée dans des ovales d'ornements. Treize pièces. Les travaux d'Hercule. Douze pièces de même.

207 — Le garde-meuble ancien et moderne, par D. Guilmard. Trente-six pièces lithographiées.

208 — OEuvres diverses de *Lalonde*, décorateur et dessinateur, contenant un grand nombre de dessins pour l'ameublement. Paris, Chereau, 2 vol. in-fol. br.

209 — Panneaux d'arabesques, par *Barthelemy Lulmus*, feuille d'ornements par *Isaac Walraven*, etc. Dix pièces.

210 — *Mitelli* (Agostino). Cartouches gravés à l'eau-forte. Suite de huit pièces.

211 — *Jean Esau Nilson*. Cartouches modernes accompagnés par des enfants qui représentent les modes d'Augsbourg. Vingt-cinq pièces style rocaille.

212 — *Newdorfer* (Hans). Bourgeois et maître de calcul à Nuremberg. Dialogue sur l'écriture. Nuremberg, 1559. Soixante-dix feuillets dont onze sont des autographes du célèbre maître écrivain.

213 — Collection de dessins de poêles de forme antique et moderne, de l'invention du sieur *Olivier*. In-fol. 18 pl. coloriées.

214 — Livres d'ouvrage d'orfèvrerie par *Jean Quien*. Ornements divers etc. Treize pièces.

215 — *Vauquer*. Vases et fleurs et rond d'une suite pour les orfèvres et principalement pour la gravure et l'émaillure des boîtes et cadrans de montres. Dix-neuf estampes.

216 — *Adam Van Vianen*. Célèbre orfèvre. Treize pièces, vases, bassins etc.

217 — Trois ornements, *Mitelli*, *Delaulne*, *Musard*.

218 — Ornements par *Jacquard*, *Renbage*, *Janitzen*, etc. Seize pièces. 6.25

219 — Soixante-huit pièces, cartouches, jardins de Rome, ornements divers, etc. 4.25 Leclerc

220 — Vingt-neuf pièces, ornements, plafonds, etc., par *Le Paultre*, *Berain*, *Marot*, etc. 4.75

221 — Varie architecture di F. Fanelli, 1661. Fontaines et jets d'eau à la moderne, vases et bordures de miroir, vases à la moderne, tombeaux, épitaphes, etc., inventées par *Le Paultre*. Cent soixante-six pièces dans 1 vol. petit in-fol. v. 36 Baudry

222 — Ornements divers, panneaux d'appartements, cheminées, lambris, plafonds, par *Le Paultre*, *Langlois* et *Marlette*. Nouveaux modèles pour tabatières, diverses pièces de serrurerie inventées par *Brisuille* et gravées par *Jean Berain*. 1 Vol. petit in-fol. veau br. Deux cent quarante-huit pièces, collect. de *H. Valpole*.

223 — Ornements des anciens maîtres des XV°, XVI°, XVII° et XVIII° siècles, recueillis par *Ovide Reynard*, 10 liv. in-fol.

Livres à Figures,

ARCHITECTURE, ANTIQUITÉS, SCULPTURE ET RECUEILS DE VUES.

225 — De l'Architectura, Jacobi Androuetii, du Cerceau, Lutetiæ Parisiorum, 1559. 50 pl. Plus les lucarnes, les cheminées, les puits, les tombeaux. Soixante-six pièces, 1 vol. in-fol. vélin gaufré.

226 — Architecture de *Ditterlin*, 1593 et 1594, in-fol. cart. 90 pl. Première édition.

227 — Teatro delle fabbriche più cospicue in prospettiva della citta di *Venexia*. 2 tomes en 1 vol. in-4. obl. v. br.

228 — Della fortificatione della citta, di *M. Girolamo Maggi*, e del capitan *Iacomo Castriotto* ingegniero del Re di Francia, in Venitia 1564. In-fol. rel. en v.

229 — Livre de plans de fortifications, machines de guerre, défense des places, par Daniel Speckel, architecte de la ville de Strasbourg. 1589. Texte allemand, in-fol. vél. fig, très bien gravée. — 3.75 Leclerc

230 — Regole generali di architettura di *Sabastiano Serlio*. M. *Venetia* 1551, br. en vél. — 3 Mme Noël

231 — Les cinq ordres d'architecture en allemand. 1 vol. in-fol. fig. — 5.75

232 — Les dix livres d'architecture de Vitruve, par *Perrault*, Paris 1684. 1 vol. in-fol. v. br. — 28

233 — Le théâtre de l'art de Charpentier, enrichi de diverses figures, par *Mathurin Jousse* de la Flèche. Griveau, 1627, in-fol. vél. blanc, fig. — 3.25 Lenoir

234 — Les OEuvres d'architecture d'Anthoine Le Pautre. Paris, Jombert, in-fol. v. b. — 8.50 Mme Noël

235 — Livre de Termes d'animaux et leurs antipathies, Paris, Mariette, 50 planch. in-4. — 2

236 — S. *Schynvoet inventor*. J. Schynvoet fecit. Recueil de mausolées, vases, etc., pour la décoration des jardins. In-fol. de 54 pl. — 10 Leclere

237 — Traité du Jardinage selon les raisons de la nature et de l'art, par J. Boisseau. 1638, in-fol. fig. v. b. — 10 Leclere

238 — Intérieur de ville et palais, quarante-huit pièces, par *Jean de Vriese*, et éditées par Cock, en 1562. — 4 un amateur

239 — Vues de Rome sur le Tibre, dessinées et gravées par G. Vasi, in-fol. obl. v. b. — 11

3.50 — 240 — Etudes d'Architecture pittoresque, d'après John Cottmann. Paris, 1841, 5 planches à l'eau-forte.

57 Vigneres — 241 — Vues des châteaux royaux de France, dessinées et gravées par Perelle. Paris, Langlois, in-fol. obl. rel. en v. 134 pl.

51 — 242 — Recueille (sic) des plus belles veues des maisons royales de France, dessigné et gravé par Perelle, petit in-fol. v. br.

24 — 243 — Gallery of Antiquities selected from the British Museum, by F. Arundale Arch. et J. Bonomi sculp^{tr}. London, Ackerman, in-4, rel. gaufré en percaline.

5 — 244 — OEuvres d'Etienne Falconnet, statuaire, contenant plusieurs écrits relatifs aux beaux arts. A Lauzanne, 1781, 5 vol. in-8, dem.-rel.

Beaux-Arts.

8.50 — 245 — Achillis Bocchii Bonon. Symbolicarum, etc. 1555, fig. de Bonasone, in-8, rel. en vél.

40 — 246 — Pictorical notices consisting of a Memoir of sir Anthony Van Dyck, With a descriptive catalogue of the Etchings, executed by Him, by W. H. Carpenter. London, 1844, 1 vol. in-4, rel. en percaline.

72 — 247 — Théâtre des Peintres, par David Teniers, 1658, in-fol. cartonné, 246 planches. *au grand complet*

248 — Galerie Aguado. In-fol. de 36 planches, en feuilles, plus le texte. 43

249 — Dessins de l'Ecole italienne, gravés par Bartolozzi, d'après les dessins de Michel-Ange, Guerchin, les Carrache, etc. Londres, 1842, petit in-fol. dem-rel. angl. 29

250 — Portraits of illustrious personages of the court of Henri VIII. Engraved en imitation of the original Drawings of Hans Holbein, in the collection of his Majesty. London, 1812, in-4, dem.-rel. m. r. tr. dorées. 82 Lemière

251 — Original designs of the most celebrated masters of the Bolognesi, Roman, Florentine, and Venetian, Schools; in his Majesty's collection. London, 1812, 1 v. in-fol., dos de m. r. tr. dorée, belle rel. anglaise. 126 Defer

Curieux vol. pour les fac simile de dessins importants de Léonard de Vinci, Raphael, Michel-Ange, N. Poussin, etc.

252 — *Roger's Collection* of 112 fac similes of the finest drawing of the old Masters with biographical Sketches, and explanatory and critical notices. London, 2 tomes en trois vol. in-fol. dem.-rel. 116 Defer

253 — *Ploos Van Amstel*: Collection d'imitations de dessins d'après les principaux maîtres hollandais et flamands; continuée avec des renseignements historiques et détaillés sur ces maîtres et sur leurs ouvra- 349 Defer

ges: précédée d'un Discours sur l'état ancien et moderne des arts dans les Pays-Bas, par C. Josi. Londres, 3 tomes en 2 vol. gr. in-fol. dem.-rel. anglaise, dos de m. r. tr. dorée.

<small>Ce beau livre se compose de cent planches coloriées en exacte imitation des dessins, et montées sur papier tinté; il n'a été tiré qu'à un petit nombre d'exemplaire qui se vendait 50 guinées par souscription, chez M. Josi, ancien directeur du *Britisch Museum*.</small>

150 Lenoir 254 — *Hogarth's Works*, from the original plates, restored by Heath, with explanations by J. Nichols. Londres, 1822, gr. in-fol. dem.-rel., dos de m. r. tr. dorée, riche reliure anglaise.

3 255 — Recueil de Têtes d'hommes et femmes, d'après P. Breughel. Trente-cinq feuilles avec texte hollandais, in-8 obl. cart.

Ouvrages sur la Peinture et la Gravure, Dictionnaires, Catalogues, etc.

11.50 256 — Nella Venuta in Roma di madama le Comte e di signori Watelet e co petle, etc. In-8, douze vignettes à l'eau-forte, six par *Lavallée Poussin*, et les autres, d'après lui, par *F. Weiroter*.

17 257 — Suite d'Estampes gravées par Mme la marquise de Pompadour, d'après les pierres gravées de Le Quay. Soixante-six pièces, plus trois pièces d'après Boucher, et le

portrait de la marquise d'après Boucher. In-4, v.

258 — Recueil d'académies d'après l'Ecole française, par Bienemuty; Recueil de figures à l'eau-forte, par *Pierre*, en 1756; suite de costumes d'après Salvator Rosa; têtes à l'eau-forte, par Hertel d'après le Benedette. Cent pièces.   9.50

259 — L'Anatomie nécessaire pour l'usage du dessin, par Edme Bouchardon, in fol. cart.   4

260 — Disigni di Leonardo da Vinci incisi e publicati da Carlo Giuseppe Gerli Milanese. In-fol. cart. de 61 planches.   19.50

— Tabula Anatomica Leonardi da Vinci, planche lith. en 1830, d'après un dessin de la collection de Wolfenbuttel. Texte. In-4.

261 — Histoire de Joseph, dix figures gravées d'après Rembrandt, par le *comte de Caylus*. Amsterdam, 1757, in-fol. cart.   8.50

262 — A Series of subjects from the Works of the late R. P. *Bonington*, Drawn on stone by J. D. Harding. London, in-fol. cart.   22

263 — Meubles gothiques. Vingt-cinq pièces dessinées et gravées par Pugin fils. Londres, 1835, 1 vol. in-4.   16.50

264 — Glossary of ecclesiastical ornement and costume compiled and illustrated from antient Authorities and exemples, by A. *Welby Pugin*, architecte. London, Bohn, 1844, 1 vol. gr. in-4, très belles lith. en or et en couleur, dem. rel. angl. mar. r.   131

14   265 — The picturesque beauties of Shakspeare, figures gravées par Isaac Taylor, d'après les dessins de Smirke. In-4, dem.-rel., 40 pl.

20.50   266 — Vies des plus excellents Peintres, Sculpteurs, Architectes, par Vasari (en italien). Florence, 1550. 3 tomes en deux vol. in-8, rel. en vélin. Première édition, rare.

267 — Notizie de' professori del disegno da Cimabue.... Opera di *Filippo Baldinucci*. In Firenze, 1681, in-4, v. br.

25   268 — Vies des Peintres, par Karle Mander. Amsterdam, 1618, 3 tomes en un vol. in-4, Portraits rel. en vélin (en hollandais).

6   269 — Cabinet des singularités d'architecture, peinture, sculpture et gravure, etc., par Florent le Comte. Paris, 3 vol. 1699, in-12, rel. en veau à compartiment.

5.50   270 — OEuvres de Claude Gelée, dit le Lorrain, par le comte Guillaume de Lepel, Dresde, 1806. *Très rare*.

2   271 — A Catalogue and Description of the Whole of the Works of the celebrated Jacques Callot, consiting of 1,450 pièces, par Green. Londres, 1804, in-12. Attribué à M. de Claussin.

Histoires, Biographies, Catalogues.

non vendu   272 — El Museo pictorico y escala optica. Theorica de la pintura.... por don Antonio Palo-

, mino de Castro y Velasco. Madrid, 1795, 3 tomes en deux vol. petit in-fol., fig., rel. en v.

273 — Notices sur les principaux peintres de l'Espagne, par L. Viardot. Paris, 1839, gr. in-8 broché. — 4.75

274 — An into the origin and early History of engraving, upon Copper and in Wood, with an account of engravers and Their Works, from the invention of chalcography by Maso Finiguera, to the time of Marc' Antoine, by Will. young Ottley. London, 1816, 2 vol. gr. in-4, fig. — 76 Defer

275 — A Treatise on Wood engraving, historical and Practical. With upwards of three hundred illustration, engraved on Wood by John Jackson. London, 1839, in-8, fig. dem.-rel. — 25

276 — *Bartsch* (le), peintre-graveur. Vienne, 1803, 21 vol. in-8, br.; avec les deux livraisons de planches. — 134

277 — Dictionnaire des monogrammes, marques figurées, lettres initiales, noms abrégés, etc., par F. Brulliot. Munich, 1832, gr. in-8, 3 tomes en un vol. dem.-rel., mar. bleu. — 70

278 — Catalogo di una raccolta di Stampe antiche compilato dallo Stesso possessero March. Malaspina. Milano, 1824, 5 vol. in-8, br. — 5,25

279 — Catalogue de la collection Paignon-Dijonval. Paris, Benard, 1810, 1 vol. in-4, br. — 12.50

2.75	280 —	A Catalogue of the classic contents of Strawberry hill collected by Horace Walpole. 1842, in-4.
16.50	281 —	Catalogue des portraits anglais gravés, depuis Egbert-le-Grand jusqu'au temps présent, par Bromley. Londres, 1793, en anglais, 1 vol. gr. in-4, dem.-rel.
9	282 —	La Chronique de Nuremberg. In-fol. fig. en bois. Exemplaire en mauvais état.
7	283 —	Le Imagine delle donne Auguste intagliate in istampe di rame, etc. In Venegia, 1607, in-4, vél. fig. d'*Enea Vico*.
	284 —	Histoire romaine en figures, gravées en bois, par Josse Aman. 1572, in-4, oblong, rel. en vélin.
4.25	285 —	Le vive imagine di tutti gl'imperadori, da C. Julio Cesare, insino à Carlo V, per Huberto Goltzius. In Anversa l'anno MDLVII, in-fol. rel. en vélin, fig. en camaïeux.
12	286 —	Histoire de l'Ancien-Testament, 1571; Histoire romaine, 1573, figures en bois, par Josse Aman. 1 vol. in-4, obl. rel. en vél.
25	287 —	Icones virorum illustrium..., a J. I. Boisardo. Fancfort, 1597. 3 tomes en deux vol. in-4, vélin blanc, portraits par *Théodore de Bry*.
13	288 —	Histoire *militaire et costumes de l'armée prussienne, sous Frédéric*, en 1768. 1 v. in-8 cart., fig. coloriée.

289 — Funérailles de Charles III, roi d'Espagne, à Rome sous Pie VI. Parme, 1789 (en italien), en tête une planche gravée par R. Morghen, d'après Tofanelli, ainsi que deux portraits et deux vignettes, ces dernières gravées par J. Volpato. Petit in-fol. cart., grand papier, figures avant la lettre.

290 — Sulzer. Théorie der Schonen Kunste.... J. Theil. Leipsic, 1792, 3 vol. in-8 basane.

291 — Legende of Venice, illustrated, by J. R. Herbert. In-4, rel. en percaline gaufrée, et orné de 10 jolies figures.

292 — Autographs of royal, noble, Learned, and remarkables personages, by J. G. Nichols. London, 1829, in-fol. dem.-rel. anglaise.

<small>Ouvrage intéressant pour les planches de fac simile de lettres des plus célèbres personnages d'Angleterre.</small>

293 — Sous ce numéro seront vendus tous les articles omis, ainsi qu'une suite nombreuse de catalogues anciens et modernes, de tableaux, estampes, antiquités et objets divers.

www.ingramcontent.com/pod-product-compliance
Lightning Source LLC
Chambersburg PA
CBHW030100230526
45471CB00003B/1187